LA

MAISON DE SECOURS

DU TRÉPORT

DEVANT LA LOI

DIEPPE

IMPRIMERIE DE LA "VIGIE DE DIEPPE"

14, Rue Claude-Groulard

1901

La Maison de Secours devant la Loi

AVANT-PROPOS

Au moment où l'opinion publique se préoccupe de l'avenir réservé à la **Maison de Secours** du Tréport, ce sera rendre service à nos concitoyens que d'éclaircir pour eux une question jusqu'ici restée obscure.

Pour y réussir, il a paru utile de condenser, de résumer dans ses grandes lignes un ouvrage publié après la promulgation de la loi du 15 Juillet 1893 sur l'Assistance médicale gratuite (1). Le public sera ainsi plus à même de se rendre un compte exact de la crise que subit actuellement notre **Maison de Secours**.

Seconder les efforts de la Municipalité qui veut conserver à notre population tréportaise un établissement nécessaire, et attirer l'attention de l'Administration supérieure sur les droits que nous confère la Loi, telle est notre double ambition. C'est la cause des indigents du Tréport que nous servons.

---

(1) L'Assistance médicale gratuite. Commentaire de la loi du 15 Juillet 1893 par Edouard Campagnole, Docteur en droit, Rédacteur au Ministère de l'Intérieur, Secrétaire du Conseil supérieur de l'Assistance publique. Ouvrage honoré d'une souscription par M. le Minist e de l'Intérieur. 2ᵉ édition. Berger Levrault et Cⁱᵉ, Editeurs, Paris, 5. rue des Beaux-Arts, et Nancy, 18, rue des Glacis, 1895.

Articles de la Loi du 15 Juillet 1893

visés dans cet ouvrage

~~~~~~~~~~~~~~~~~

ART. 3

Toute commune est rattachée pour le traitement de ses malades à un ou plusieurs des hôpitaux les plus voisins.

Dans le cas où il y a impossibilité de soigner utilement un malade à domicile, le médecin délivre un certificat d'admission à l'hôpital. Ce certificat doit être contresigné par le président du Bureau d'assistance ou son délégué.

L'hôpital ne pourra réclamer à qui de droit le remboursement des frais de journée qu'autant qu'il représentera le certificat ci-dessus.

ART. 4

Il est organisé dans chaque département, sous l'autorité du préfet et suivant les conditions déterminées par la présente loi, un service d'assistance médicale gratuite pour les malades privés de ressources.

Le Conseil général délibère dans les conditions prévues par l'article 48 de la loi du 10 Août 1871 :

1º Sur l'organisation du service de l'assistance médicale, la détermination et la création des hôpitaux auxquels est rattaché chaque commune ou syndicat de communes ;

2º Sur la part de la dépense incombant aux communes et au département.

Art. 10

Dans chaque commune, un Bureau d'assistance assure le service de l'assistance médicale.

La Commission administrative du bureau d'assistance est formée par les Commissions administratives réunies de l'hospice et du bureau de bienfaisance, ou par cette dernière seulement quand il n'existe pas d'hospice dans la commune.

A défaut d'hospice ou de bureau de bienfaisance, le Bureau d'assistance est régi par la loi du 21 Mai 1873 (articles 1 à 5), modifiée par la loi du 5 Août 1879, et possède, outre les attributions qui lui sont dévolues par la présente loi, tous les droits et attributions qui appartiennent au Bureau de Bienfaisance.

Art. 11

Le président du Bureau d'assistance a le droit d'accepter, à titre conservatoire, des dons et legs et de former, avant l'autorisation, toute demande en délivrance.

Le décret du Président de la République ou l'arrêté du Préfet qui interviennent ultérieurement, ont effet du jour de cette acceptation.

Le Bureau d'Assistance est représenté en justice et dans tous les actes de la vie civile par un de ses membres que ses collègues élisent, à cet effet, au commencement de chaque année.

L'administration des fondations, dons et legs qui ont été faits aux pauvres ou aux communes, en vue d'assurer l'Assistance médicale, est dévolue au Bureau d'Assistance.

Les Bureaux d'Assistance sont soumis aux règles qui régissent l'administration et la comptabilité des Hospices, en ce qu'elles n'ont rien de contraire à la présente loi.

ART. 25

Les droits résultant d'actes de fondations, des édits d'union, ou de conventions particulières, sont et demeurent réservés.

Il n'est pas dérogé à l'article 1er de la loi du 7 Août 1851.

Tous les lits dont l'affectation ne résulte pas des deux paragraphes précédents ou qui ne seront pas reconnus nécessaires aux services des vieillards ou incurables, des militaires, des enfants assistés et des maternités, seront affectés au service de l'Assistance médicale.

ART. 26

Les dépenses du service de l'Assistance médicale se divisent en dépenses ordinaires et dépenses extraordinaires.

Les dépenses ordinaires comprennent :

1° Les honoraires des médecins, chirurgiens et sages-femmes du service d'assistance à domicile ;

2° Les médicaments et appareils ;

3° Les frais de séjour des malades dans les hôpitaux.

Ces dépenses sont obligatoires. Elles sont supportées par les communes, le département et l'Etat, suivant les règles établies par les articles 27, 28 et 29.

Les dépenses extraordinaires comprennent les frais d'agrandissement et de construction d'hôpitaux.

L'Etat contribuera à ces dépenses par des subventions dans la limite des crédits votés.

Chaque année, une somme sera à cet effet inscrite au budget.

ART. 27

Les communes dont les ressources spéciales de l'Assistance médicale et les ressources ordinaires inscrites à leur budget seront insuffisantes pour couvrir les frais de ce service sont autorisées à voter des centimes additionnels aux quatre contributions directes ou des taxes d'octroi pour se procurer le complément des ressources nécessaires.

Les taxes d'octroi votées en vertu du paragraphe précédent seront soumises à l'approbation de l'autorité compétente, conformément aux dispositions de l'article 137 de la loi du 5 Avril 1884.

La part que les communes seront obligées de demander aux centimes additionnels ou aux taxes d'octroi ne pourra être moindre de 20 °/₀ ni supérieure à 90 °/₀ de la dépense à couvrir, conformément au tableau A ci-annexé.

ART. 28

Les départements, outre les frais qui leur incombent de par les articles précédents, sont tenus d'accorder aux communes qui auront été obligées de recourir à des centimes additionnels ou à des taxes d'octroi, des subventions d'autant plus fortes que leur centime sera plus faible, mais qui ne pourront dépasser 80 °/₀ ni être inférieures à 10 °/₀ du produit de ces centimes additionnels ou taxes d'octroi, conformément au tableau A précité.

En cas d'insuffisance des ressources spéciales de l'Assistance médicale et des ressources ordinaires de leur budget, ils sont autorisés à voter des centimes additionnels aux quatre contributions directes dans la mesure nécessitée par la présente loi.

ART. 30

Les communes, les départements, les bureaux de bienfaisance et les établissements hospitaliers possédant, en vertu d'actes de fondations, des biens dont le revenu a été affecté par le fondateur à l'Assistance médicale des indigents à domicile, sont tenus de contribuer aux dépenses du service de l'Assistance médicale, jusqu'à concurrence dudit revenu, sauf ce qui a été dit à l'article 25.

Historique de la Maison de Secours

L'histoire du Tréport nous apprend que les comtes d'Eu ont, en tout temps, témoigné à cette ville le plus vif intérêt.

La duchesse de Montpensier, leur héritière, voulut marcher sur leur trace, et, d'après Dom Coquelin, elle établit en 1666 deux sœurs pour faire l'école des filles et soigner les malades.

Pour accomplir son dessein, elle donna aux Filles de la Charité une maison qui est encore celle qu'occupent aujourd'hui les sœurs de Saint-Vincent-de-Paul.

Le duc de Penthièvre, digne continuateur des bienfaits de Mlle de Montpensier, fit don au Bureau de charité d'une somme de 1800 livres.

La Révolution de 1789, qui fit table rase de toutes les institutions du passé, renvoya les deux sœurs qui formaient alors la communauté du Tréport, et, pendant de longues années, les indigents malades furent privés des secours qu'ils étaient habitués à recevoir.

Le revenu des biens donnés par Mlle de Montpensier était évalué, à l'époque, à 610 livres. Mais ce n'était pas là l'unique ressource des malades indigents. En 1695, les biens de l'ancienne maladrerie de Saint-Nicolas furent réunis à l'hôpital d'Eu, à charge par cet établissement de tenir en tout temps deux lits à la disposition du Tréport.

Cet état de choses dura jusqu'en 1852.

A cette époque, M. l'abbé Vincheneux, curé du Tréport, offrit à la Ville de lui faire don d'un immeuble, situé rue de la Boucherie, (aujourd'hui rue Vincheneux), à la condition *essentielle* que la Ville abandonnerait au Bureau de Bienfaisance un local scolaire qu'elle avait fait édifier sur la propriété de cet établissement charitable, rue Suzanne, pour une **œuvre hospitalière.**

Un contrat fut passé entre le Conseil Municipal et l'abbé Vincheneux, le 4 Décembre 1852.

Le 30 Décembre de la même année, M. l'abbé Vincheneux accorda un délai de neuf années à la Ville, pour la cession de l'ancienne école au Bureau de Bienfaisance.

Dans ce nouvel acte, le Conseil Municipal, craignant de ne pas se trouver en mesure, ne s'engageait que *conditionnellement* à créer l' « *hôpital,* » objet des désirs de M. Vincheux. Mais ce dernier y fit insérer une clause donnant à la commune, en attendant l'approbation administrative, la faculté d'entretenir, dans l'immeuble donné, des *malades* et des *vieillards*, et de bâtir une chapelle si les ressources le permettaient.

La Municipalité fit même ajouter dans l'acte, ce que le notaire n'avait pas cru nécessaire d'insérer, les mots **« d'accord avec l'administration. »**

On remarquera ici que la volonté du donateur à l'égard des pauvres et des malades était tellement formelle, qu'il accepta l'addition de la clause suivante : « que la Ville ne pourrait être contrainte, comme conséquence de l'acceptation, à ce que l'école communale fût tenue par des instituteurs religieux. »

La donation de M. l'abbé Vincheneux fut évaluée, à l'époque, de 7 à 8,000 francs.

C'est à ce moment que le caractère légal de la fondation de M. Vincheneux apparaît clairement.

En effet, le 31 Octobre 1853, lorsque le dossier fut revenu de la Préfecture, M. Vincheneux **dut** accepter, entr'autres modifications, celle-ci, dont l'importance ne peut échapper, qu' « il devait souscrire à donner à l'établissement le nom de **MAISON DE SECOURS,** au lieu d'hospice, *qu'on lui* *donnerait plus tard*, quand les ressources de la commune le permettraient. »

L'acceptation de la donation fut faite par le Maire, pardevant Mᵉ Richebraque, le 19 Juin 1854, et le dépôt des pièces eut lieu en l'étude du même notaire, le 2 Août 1855.

En lui annonçant que l'acte allait être signé, M. Papin, maire du Tréport, fit savoir à M. Vincheneux qu'il avait à lui remettre 300 francs, pour la *Maison de Secours*, de la part du Préfet.

Le 13 Mai 1857, le Préfet vint au Tréport et visita le nouvel établissement, ainsi que la chapelle. A cette occasion, il déclara que l'hôpital ne pouvait se faire de suite, qu'il fallait d'abord *réaliser la Maison de Secours*, y mettre des lits et faire rendre par l'hôpital d'Eu les terres qui *appartenaient au Tréport autrefois*.

Le Maire reporta ces paroles au Conseil Municipal, le 16 Mai 1857.

Dix-huit mois plus tard, cette assemblée se réunit pour entamer la question du retour de ces terres.

En 1859, on s'occupe toujours de la création de l'hôpital. Mᵐᵉ Chavannes fait don au Bureau de Bienfaisance d'une somme de 8,000 francs, pour la fondation d'un lit. Elle constitue, en outre, une rente annuelle et viagère pour un autre malade.

En Novembre de la même année, en plus de ces deux lits, une bienfaitrice anonyme payait l'hospitalisation d'un troisième malade et un quatrième malade entrait à la Maison de Secours, grâce à la charité publique.

Enfin, l'année 1861 devait voir la conclusion de toutes les négociations qui duraient depuis deux ans entre la ville du Tréport et l'administration de l'hospice d'Eu.

Le Conseil Municipal de cette ville avait adopté les offres de la Municipalité du Tréport, dans sa séance du 11 Mars

1861, et le 25 du même mois, le contrat fut passé en l'étude de Me Richebraque. Les biens rendus étaient estimés 45,000 francs, et dès lors la *Maison de Secours* eut son existence *légale* et revêtit son caractère *public* qu'elle n'a jamais quitté depuis.

*
* *

Depuis cette date jusqu'à la promulgation de la loi du 15 Juillet 1893, la Maison de Secours conserva son organisation spéciale, sous la dépendance du Bureau de Bienfaisance. Elle vécut sous le régime qui lui était propre sans que l'Administration songeât à intervenir.

Lorsque la loi d'Assistance médicale fut appliquée, la Ville demanda à bénéficier des dispositions de l'article 35, et rien ne fut changé à ce qui existait antérieurement avec cette différence cependant qu'une certaine somme fut inscrite chaque année au budget communal pour venir en aide au Bureau de Bienfaisance, dont les ressources se trouvaient insuffisantes pour parer aux dépenses du nouveau service.

Ce n'est qu'à partir du 1er Avril 1900 que le Conseil Municipal décida de renoncer à ce régime et de se ranger sous la loi d'Assistance médicale. La principale raison de ce changement était de pouvoir obtenir, en cas de besoin, le secours départemental fixé par l'article 28 de ladite loi proportionnellement aux centimes additionnels.

Mais lorsque vint l'application de cette décision, l'Administration supérieure déclara qu'il n'y avait pas lieu d'accorder à la commune le subside qu'elle se croyait en droit de solliciter, par la raison que la Maison de Secours est un *Établissement privé*, et elle engagea la

Municipalité tréportaise à envoyer tous ses malades indigents à l'Hôpital d'Eu.

Tel est l'état actuel de la question.

Il est important de noter en passant que désormais les malades indigents relèvent du Bureau d'Assistance médicale et non plus du Bureau de Bienfaisance.

*
* *

Sur quoi se base-t-on pour justifier les *mesures* que l'on veut imposer aujourd'hui ?

Sur ce prétexte que le maintien de la Maison de Secours privera la Ville de la subvention accordée par le Département aux communes qui envoient leurs malades aux établissements hospitaliers, désignés par le Conseil Général (1), et l'obligera à élever le nombre des centimes additionnels spéciaux à l'Assistance médicale gratuite.

Or, nous voulons prouver que le maintien de la Maison de Secours n'est pas un obstacle à la subvention des 30 % auxquels la Ville a droit, en raison de la valeur de son centime communal, et que tout le bruit soulevé autour de cette question provient d'une **fausse interprétation de la loi**.

Il résulte en effet des motifs invoqués par l'Administration, que la Maison de Secours est considérée comme un établissement privé, dans les conditions de l'article 16 de la loi du 7 Août 1851, ainsi conçu :

« Lorsque la commune ne possèdera pas d'hospices

---

(1) Art. 4 de la loi du 15 Juillet 1893.

« ou d'hôpitaux, ou qu'ils seront insuffisants, le Conseil
« Municipal pourra traiter avec un établissement privé
« pour l'entretien des malades et des vieillards, après
« avoir consulté la Commission des hospices et hôpitaux
« qui sera chargée de veiller à l'exécution du contrat
« passé avec l'établissement privé.

« Les traités devront être soumis à l'approbation du
« Préfet. »

Dès lors, toute commune qui ne possède pas d'hôpital
ou qui ne possède qu'un hôpital insuffisant, peut traiter
avec un établissement privé pour l'entretien de ses
malades, sous l'approbation du Préfet. Seulement, ce
mode d'assistance se trouvant en dehors des prévisions
de la loi du 15 Juillet 1893, la conséquence naturelle est
que les subventions de l'Etat et du Département ne
s'étendraient pas aux dépenses faites par la commune
dans ses rapports avec des établissements qui échappent
presque complètement au contrôle et à la surveillance
de l'Administration, soit pour leur tenue, soit pour leur
gestion financière.

Or, tel n'est pas le cas de la Maison de Secours du
Tréport.

Elle n'est pas un établissement privé. De tout
temps, ses dépenses avaient été couvertes au moyen
des ressources du Bureau de Bienfaisance, aujourd'hui
Bureau d'Assistance, auquel ont été attribués les
revenus des biens affectés, *d'après la fondation*, au
traitement des malades. De plus, la contribution communale est un denier public.

**Elle ne se trouve pas « en dehors des pré-
visions de la loi »,** puisqu'elle est complètement
soumise « au contrôle et à la surveillance de l'Adminis-

tration », aussi bien pour sa tenue que pour sa gestion financière.

Il en serait autrement si par exemple l'Administration municipale traitait à raison de tant par jour pour le traitement des malades, sous la responsabilité et aux risques et périls de la communauté des sœurs de Saint-Vincent-de-Paul.

*
* *

Mais, dira-t on, l'article 3 de la loi du 15 Juillet 1893 ne reconnaît pas d'autres établissements hospitaliers publics que ceux qu'elle désigne expressément sous le nom d'*hôpitaux*, et il s'en suit que tous ceux qui n'ont pas ce caractère sont comme s'ils n'existaient pas, au regard du droit administratif.

Il convient ici de fixer ce qu'il faut entendre par l'hospitalisation, et d'indiquer nettement le sens que la loi du 15 Juillet 1893 attache au mot *hôpital.* En d'autres termes, sur quel établissement hospitalier pourront être dirigés les individus, privés de ressources, tombés malades dans une commune dépourvue d'hôpital ?

La question avait été soulevée en ces termes par M. Lucien Brun, lors de la première délibération au Sénat. (Séance du Sénat du 16 Mars 1893.)

M. Lucien Brun. — Messieurs, je n'apporte pas ici une rédaction nouvelle.

Je désire soumettre à la Commission l'observation que voici : *Toute commune, dit le texte, est rattachée pour le traitement de ses malades à un ou plusieurs hôpitaux les plus voisins. Y est-elle rattachée forcément ?*

Voici qu'elle est la portée de ma demande. Il peut y avoir dans la commune une institution privée, une maison de santé, un hospice particulier, avec lesquels la commune pourrait s'entendre. Sera-t-il permis à une commune, — et je ne vois pas pourquoi cela ne lui serait pas permis — d'organiser pour les deux ou trois malades qu'elle aura chez elle deux ou trois lits dans un local convenable avec des garde-malades connues d'elles et qui offriraient toutes les garanties possibles ?

Ce rattachement de la commune à un hôpital ou hospice public est-il tellement obligatoire que la commune ne puisse chez elle avoir son organisation hospitalière ?

M. le Rapporteur. — Ni la lettre, ni l'esprit de la loi ne s'y opposent. Ce sera au Conseil général qu'il appartiendra de réglementer cette organisation.

Portée à nouveau, lors de la deuxième délibération au Sénat, avant le vote sur l'ensemble de la loi. (Séance du 11 Juillet 1893), la question a été résolue dans le même sens par M. Henri Monod, commissaire du Gouvernement, qui a nettement affirmé à cette occasion la préférence qu'il importe de donner à l'*Assistance à domicile* :

M. Lucien Brun. — Nous avons été unanimes en première délibération, pour décider que, lorsque la loi parlait du traitement à domicile ou dans un hospice, elle ne visait pas exclusivement le domicile du malade, en ce sens que si le malade a un domicile dans lequel les soins ne puissent pas lui être convenablement donnés, — c'est, je le répète, le point sur lequel nous nous sommes mis d'accord lors de la première délibération, — la commune pouvait le faire traiter dans un autre domicile que le sien sans être obligée de l'envoyer à l'hospice par le seul fait qu'il n'a pas un domicile dans lequel des soins convenables puissent lui être donnés.

M. le Commissaire du Gouvernement. — Assurément !

M. Lucien Brun. — S'il y a un petit hospice, s'il y a une infirmerie, dans laquelle on puisse placer le malade, il est bien entendu qu'on en aura le droit !

M. le Commissaire du Gouvernement. — Évidemment !

M. Lucien Brun. — Cela avait été déclaré lors de la première délibération par M. le Rapporteur : je suis heureux d'en entendre la confirmation de la bouche même du Commissaire du Gouvernement ! (Très bien ! Très bien ! à droite).

M. le Commissaire du Gouvernement. — Je réponds à M. le Sénateur que l'idée qu'il vient d'exprimer est une de celles qui ont inspiré le projet de loi.

L'Assistance à domicile y est nettement préférée à l'hospitalisation.

Toutes les fois qu'un malade peut être utilement soigné, je ne dis pas seulement dans son domicile, mais dans un domicile, c'est à dire en dehors d'une agglomération de malades, il est bon qu'il le soit : C'est plus sain, plus moral et moins coûteux. (Très bien ! Très bien !)

L'article 3 du projet de loi du Gouvernement était ainsi rédigé : « Toute commune.... est rattachée à une infirmerie ou à un hôpital général. » Cette disposition, jointe à l'institution de dispensaires, permettait, dans la pensée du Gouvernement, d'échelonner et de graduer en quelque sorte les secours de l'assistance selon le degré de gravité de la maladie.

Nous lisons, dans l'exposé des motifs, sous l'article 3 :

Lorsque l'hospitalisation est démontrée nécessaire, est-il raisonnable de la rendre partout uniforme, d'accumuler l'appareil considérable, le personnel exceptionnel qu'exige un grand hôpital (1) où l'on soigne les cas les plus graves,

---

(1) On peut désigner comme grand hôpital un établissement ayant au moins 50 lits. (Conseil supérieur de l'Assistance publique, fasc. 42).

en faveur de maladies d'un caractère bénin auxquelles un établissement beaucoup plus modeste suffirait ?...

.... Le médecin prescrit l'hospitalisation. Mais où ? A l'infirmerie, c'est à dire à un petit hôpital.... établissement peu coûteux qui sera créé à très peu de frais dans les régions où il n'existe pas déjà.... Si cependant les ressources, nécessairement limitées, de cette infirmerie, ne paraissent pas suffisantes, si la maladie est très grave, s'il s'agit d'un cas de chirurgie compliqué, le médecin du dispensaire fera diriger son malade, non plus sur l'infirmerie, mais sur l'hôpital général... ainsi que le Conseil Général en aura décidé....

Par ces services échelonnés, par ces secours toujours appropriés aux besoins, l'on réalisera une sérieuse économie de temps et d'argent.

La commission de la Chambre a supprimé (et la loi du 15 juillet consacre cette suppression) les dispensaires et les infirmeries, *en tant que création obligatoire*. En ce qui concerne les infirmeries, elle est entrée néanmoins dans les vues du Gouvernement en rédigeant le paragraphe 1er de l'article 3 de manière à permettre au Conseil Général le rattachement de toute commune à un ou *plusieurs* des hôpitaux les plus voisins.

C'est dans cet esprit que M. le Ministre de l'Intérieur, dans sa circulaire du 18 Mai 1894, adressée aux préfets, s'exprime ainsi :

Le premier paragraphe de l'article 3 dispose que toute commune est rattachée pour le traitement de ses malades *à un ou plusieurs* des hôpitaux les plus voisins.

Ce rattachement doit être opéré par le Conseil général (article 4). Là où, en exécution de l'article 3 de la loi du 7 Août 1851 et de la circulaire ministérielle du 8 Août 1852, des circonscriptions hospitalières embrassant les communes dépourvues d'hôpitaux ont déjà été tracées, il suffira d'en réviser le tableau sans oublier que la nouvelle loi permet de rattacher toute commune *à un ou plusieurs* hôpitaux.

Cette formule a été adoptée afin de tenir compte d'une idée émise dans le projet du Gouvernement et développée dans l'exposé des motifs. Cette idée est que nombre de maladies, pour être convenablement soignées, n'exigent pas l'appareil coûteux et le personnel de choix d'un grand hôpital. *Les personnes atteintes de ces maladies devraient être envoyées à un Etablissement modeste,* auquel le projet de loi donnait le nom d'**Infirmerie,** tandis que les malades présentant des cas graves nécessitant, par exemple, des opérations chirurgicales, seraient dirigés sur un hôpital complètement outillé.

Lorsqu'une commune aura été ainsi rattachée par le Conseil général **à la fois à une infirmerie et à un hôpital,** le certificat du médecin de service indiquera si c'est à l'hôpital ou à l'infirmerie que le malade devra être envoyé.

Plus loin, dans son commentaire de l'article 4, le Ministre dit encore :

C'est aussi le Conseil Général qui déterminera les infirmeries et les hôpitaux auxquels sera rattaché chaque commune ou syndicat de communes, ainsi qu'il est prévu à l'article 3 ; je n'ai pas à revenir sur ce point.

Tout concorde de la façon la plus claire pour conserver à la Maison de Secours du Tréport son existence propre, lui reconnaître **le caractère public** que l'on tend à lui contester, et l'admettre à bénéficier des dispositions légales.

La loi nouvelle ne sépare pas l'idée de liberté de l'idée de progrès. Elle ne cherche pas à plier sous une même règle inflexible et brutale les procédés divers et les modes différents d'assistance locale. Elle pose le principe général, laissant aux pouvoirs locaux la faculté de l'adapter aux circonstances particulières de lieu et de temps ; elle indique le but à atteindre, abandonnant aux Conseils généraux le soin de choisir la voie la plus simple, la plus commode, la mieux appropriée aux aspirations de leurs commettants, — c'est à dire, en somme, la plus sûre. (1)

Il est évident que si la lettre et l'esprit de la loi, si les instructions ministérielles recommandent la création d'institutions servant d'intermédiaires entre les dispensaires et les hôpitaux, ce n'est pas pour leur refuser le bénéfice des subventions de l'Etat et du Département.

Il n'est pas moins évident que si la Maison de Secours du Tréport est une **infirmerie**, au sens légal du mot, tel que le définissent, et les affirmations si nettes du rapporteur de la Commission du Sénat et les recommandations si précises du Ministre de l'Intérieur, son maintien s'impose avec toutes ses conséquences.

*
* *

Une autre réflexion se présente à l'esprit lorsqu'on examine la situation de la Maison de Secours.

Un certain nombre de communes tiennent d'actes de fondation le droit d'envoyer gratuitement leurs malades dans des hospices voisins. En outre, des édits d'union qui, sous l'ancienne monarchie, ont supprimé les léproseries ou maladreries, et réuni leurs biens à ceux

(1) Conseil supérieur de l'Assistance publique, fasc. 46.

d'hospices, ont imposé à ceux-ci la charge de recevoir, jusqu'à concurrence des revenus desdits biens, les malades des paroisses sur lesquelles ces léproseries et maladreries étaient situées.

La loi réserve expressément ces droits acquis. (1)

C'est bien le cas, il nous semble, de la Maison de Secours du Tréport qui, par l'intermédiaire du Bureau de Bienfaisance, aujourd'hui Bureau d'Assistance, possède des biens donnés, nous l'avons dit, par Mlle de Montpensier, à charge de recevoir, jusqu'à concurrence des revenus desdits biens, les malades indigents du Tréport, biens auxquels sont venus se joindre ceux de l'ancienne maladrerie de Saint-Julien, et d'autres encore comme nous l'avons exposé plus haut.

D'après l'article 11, paragraphe 4 (2), le Bureau d'Assistance administrera, en tant qu'organe communal du nouveau service, toutes les fondations, dons et legs faits en vue de l'assistance des malades à domicile ou dans un hôpital.

Ainsi, l'établissement ancien... est tenu de contribuer aux dépenses du nouveau service, jusqu'à concurrence dudit revenu, et il doit le verser dans la caisse du Bureau d'Assistance.

L'article 30 de la loi du 15 Juillet 1893 n'est pas moins précis :

« Les communes, les départements, les bureaux de bien-

---

(1) Loi du 15 Juillet 1893, article 25.

(2) L'Administration des fondations, dons et legs qui ont été faits aux pauvres ou aux communes, en vue d'assurer l'assistance médicale, est dévolue aux bureaux d'assistance.

« faisance et les établissements hospitaliers possédant, en
« vertu d'actes de fondations, des biens dont le revenu a été
« affecté par le fondateur à l'assistance médicale des indi-
« gents à domicile, sont tenus de contribuer aux dépenses
« du service de l'assistance médicale jusqu'à concurrence
« dudit revenu, sauf ce qui a été dit à l'article 25. »

L'article 11 a conféré au Bureau d'Assistance l'administration des fondations, dons et legs qui ont été faits aux pauvres
et aux communes en vue d'assurer l'assistance médicale. Il
existe un grand nombre d'autres fondations recueillies par
les départements, les bureaux de bienfaisance et les établissements hospitaliers dont le revenu a été affecté par le
fondateur à l'assistance médicale des indigents à domicile.
Pour celles-ci, l'administration reste aux mains des êtres
moraux, des personnes morales qui les possèdent ; le légis-
lateur a tenu à ne modifier que le moins possible la situation
existante. Mais, comme ces personnes morales cessent
d'avoir à leur charge, par suite de l'application de la loi du
15 Juillet 1893, les obligations qui leur incombaient antérieurement, il est de toute équité qu'elles contribuent aux
dépenses de l'assistance médicale jusqu'à concurrence du
revenu des biens formant l'objet de ces fondations. Cette
solution est conforme aux intentions des fondateurs.

Si donc les droits résultant d'actes de fondations, des
édits d'union ou de conventions particulières, sont et demeurent réservés, la Maison de Secours du Tréport ne peut être
supprimée, au moins en ce qui concerne ces droits. *Son
administration seule sera dévolue au Bureau d'Assistance, aux
lieu et place du Bureau de Bienfaisance qui n'aura plus à sa
charge que les indigents valides.*

Cette dévolution d'un service à un autre ne peut donner
lieu à des difficultés sérieuses, car elle revêt un caractère
purement administratif.

* *

L'article 2 détermine les ressources spéciales de l'assistance médicale.

Il existe déjà un certain nombre de ressources que les lois existantes ont créées au profit des Bureaux de Bienfaisance, telles que : droits des pauvres sur les spectacles, concessions dans les cimetières, produits des quêtes, troncs dans les édifices religieux, etc. Elles formeront, dans une proportion déterminée par le règlement départemental, la première base du budget de l'assistance médicale gratuite, dans la mesure qu'il paraîtra équitable d'affecter aux soins des malades.

A ces ressources viendront se joindre les dons et les legs recueillis par le Bureau d'Assistance, en vue du soulagement des pauvres malades ou dont l'administration lui est dévolue (article 11), et qui n'auraient pas une affectation spéciale telle que les revenus ne pourraient point se fondre dans l'ensemble des dépenses. Il faut y assimiler sous la même réserve les revenus des fondations possédées par les Bureaux de Bienfaisance ou les hospices pour l'assistance médicale à domicile. (Article 30).

Enfin, quand ces revenus combinés seront insuffisants, il sera parfois possible de demander le complément aux revenus ordinaires des communes.

Ce ne sera que lorsque ces diverses catégories de ressources ne permettront pas de couvrir entièrement les frais de l'assistance médicale, qu'il y aura faculté pour les communes de recourir à l'impôt sous la forme de centimes additionnels aux quatre contributions directes ou sous celles de taxes d'octroi.

* *

Nous abordons ici la question des centimes additionnels dont la commune est menacée si, l'Administration persistant dans sa façon d'interpréter la loi, la subvention départementale de 30 % lui est refusée.

Là encore, en mettant les choses au pire, nous estimons qu'il ne sera pas besoin de recourir à cette fâcheuse extrémité.

Mais admettons qu'il faille en venir là, les contribuables pourraient-ils hésiter un seul instant à s'imposer quelques centimes en plus pour conserver le droit de soigner leurs malades chez eux, et ne trouveraient-ils pas une compensation suffisante, à ce léger sacrifice, dans la consolation qu'ils éprouveraient à ne pas se séparer de leurs parents, de leurs proches atteints par la maladie ? S'il est une circonstance dans la vie où la grande loi de la solidarité humaine et de fraternité doive trouver son application, n'est-ce pas en face de la souffrance et du malheur ? Quand on subit sans protester de lourdes impositions, pour des choses utiles, sans doute, mais dont la nécessité est toute relative, on ne saurait trouver mal d'en supporter pour soulager ceux qui souffrent, pour atténuer les infortunes et les misères des siens.

Cependant, nous en avons la conviction, point ne sera besoin d'impôts nouveaux, les centimes communaux actuels suffisant amplement pour couvrir les dépenses de l'assistance médicale.

L'Administration supérieure reconnaîtra que la question ne se présentait pas à elle sous son véritable jour. Elle conservera à la population du Tréport sa Maison de Secours, si hospitalière à ceux que frappe le malheur, que la maladie abat. Et soit que cette maison devienne une infirmerie, dans le sens de la circulaire ministérielle du 18 Mai 1894, soit que sa transformation en hôpital régulièrement constitué soit demandée, les malades resteront chez eux près du foyer domestique, et ceux que la mort viendra enlever à l'affection des leurs resteront, jusque par delà la tombe, fidèles à la terre natale, à côté de leurs pères et de leurs ancêtres.

Imprimerie de la Vigie de Dieppe, 14, rue Claude-Groulard.

www.ingramcontent.com/pod-product-compliance
Lightning Source LLC
Chambersburg PA
CBHW060527200326
41520CB00017B/5156